# BEI GRIN MACHT SICH IHR
# WISSEN BEZAHLT

AF166483

- Wir veröffentlichen Ihre Hausarbeit,
  Bachelor- und Masterarbeit

- Ihr eigenes eBook und Buch -
  weltweit in allen wichtigen Shops

- Verdienen Sie an jedem Verkauf

## Jetzt bei www.GRIN.com hochladen
## und kostenlos publizieren

# Netflix' Strategien der Internationalisierung

Lukas Paul Schaffrath

**GRIN** :)

**Bibliografische Information der Deutschen Nationalbibliothek:**

Die Deutsche Nationalbibliothek verzeichnet diese Publikation in der Deutschen Nationalbibliografie; detaillierte bibliografische Daten sind im Internet über http://dnb.d-nb.de abrufbar.

ISBN: 9783346803153
Dieses Buch ist auch als E-Book erhältlich.

Druck und Bindung: Books on Demand GmbH, Norderstedt Germany
Gedruckt auf säurefreiem Papier aus verantwortungsvollen Quellen

Das vorliegende Werk wurde sorgfältig erarbeitet. Dennoch übernehmen Autoren und Verlag für die Richtigkeit von Angaben, Hinweisen, Links und Ratschlägen sowie eventuelle Druckfehler keine Haftung.

Das Buch bei GRIN: https://www.grin.com/document/1320725

Hochschule Fresenius

Fachbereich onlineplus

Studiengang: Medien- & Kommunikationsmanagement

Projektarbeit

# Netflix' Strategien
# der Internationalisierung

Lukas Paul Schaffrath

Modul: Kreativwirtschaft (M068)

Abgabedatum: 30.12.2022

# Inhaltsverzeichnis

1 Einleitung ............................................................................. 1

2 Methodik .............................................................................. 2

3 Case Study ........................................................................... 3

   3.1 Theorie der Internationalisierung ....................................... 3

   3.2 Praxis der Internationalisierung ......................................... 6

4 Resultate ............................................................................. 9

5 Diskussion ........................................................................ 11

6 Literaturverzeichnis ........................................................... 13

# Abbildungsverzeichnis

Abbildung 1: Streaming-Seiten-Abonennt:innen in Deutschland............................... 11

Abbildung 2: Netflix' globale Gegenwertigkeit .......................................................... 12

# Tabellenverzeichnis

Tabelle 1: Anzahl der Diversifikationsstrategien nach Sjurts (2009)........................... 9

Tabelle 2: Korrelation der Diversifikationsstrategien nach Sjurts (2009)..................... 11

# 1 Einleitung

Reed Hastings und Marc Randolph haben 1997 den Verleih von DVDs per Post zum Ziel. 1998 resultiert daraus der digitale DVD-Verleih und -Verkauf *Netflix*. 1999 ist es Kund:innen möglich, durch das Abonnieren, DVDs ohne Rückgabefristen und Verzugsgebühren auszuleihen. 2000 etabliert *Netflix* Empfehlungen für Filme, auf Basis der Bewertungen der Kund:innen. Somit ist die Entscheidung für Käufe oder Ausleihen vereinfacht. 2003 weist *Netflix* eine Millionen Abonennt:innen aus. 2006 weist *Netflix* die Vermehrung um weitere vier Millionen Abonennt:innen aus. 2007 etabliert *Netflix* das Streaming, durch das Kund:innen Filme und Serien online konsumieren können. 2010 expandiert *Netflix* erstmals (Netflix, o.J. a). Heute hat *Netflix* Präsenzen in 190 Nationen und 222 Millionen Abonennt:innen. Durch diese setzte das Unternehmen im Jahr 2021 29,7 Milliarden U.S.-Dollar um (Heeke, 2022). Hierzulande ist *Netflix* heute Weiteren die bekannteste Video-on-Demand-Marke (Kunst, 2022).

Der Zeitpunkt, an dem Reed Hastings und Marc Randolph den Verleih von DVDs per Post zum Ziel hatten, ist ein Vierteljahrhundert her. Daraus, aus dem derzeitigen Umsatz und aus der präsenten Popularität resultiert die Frage: „welcher Strategien hat sich *Netflix* bei der Internationalisierung bedient?"

## 2 Methodik

Die Form der Forschung dieser Arbeit ist theoretisch-konzeptioneller Natur. Das heißt, das Objekt wird deskriptiv analysiert. Dementsprechend ist diese Arbeit eine Case Study der Strategien der Internationalisierung von *Netflix*.

Die Ausarbeitung basiert auf Resultaten relevanter Literatur und einer Chronologie, die durch *Netflix* auf der Corporate Website ausgewiesen wird. Diese Chronologie konkreti-siert Klimaxe der Organisation.

# 3 Case Study

## 3.1 Theorie der Internationalisierung

Haas, Neumaier und Schlesinger definieren Internationalisierung als geografische Vergrößerung von ökonomischen Aktivitäten (Haas, Neumair & Schlesinger, 2018). Die Ursache dieser ist unterschiedlicher Natur. Gläser (2014, S. 261) weist mehrere mögliche Motivationen der Internationalisierung in der Medien- und Kreativwirtschaft aus:

- die Limitationen für Fortschritt des Unternehmens auf dem inländischen Markt,
- die Stärkung des Shareholder Values oder
- die Reduktion der First Copy-Costs.

Des Weiteren weist Wirtz (2013, S. 783) auf die Deregulierung mehrerer Medien- und Kreativmärkte hin. Dadurch ist es einfacher in diese Märkte einzutreten. Die Medien- und Kreativmärkte bestehen aus der T.I.M.E.-Branche, deren Bestandteile die:

- T(elekommunikation),
- I(nformationstechnologien),
- M(edien) und
- Consumer E(lectronics) sind (Gläser, 2014, S. 237)

Der Eintritt in diese ist realisierbar durch:

- Exporte (exportieren der Dienstleistungen oder Produkte),
- Lizenzvergaben (Vergabe von Lizenzen der Dienstleistungen oder Produkte),
- Joint Ventures (Zusammenarbeit von Unternehmungen zur Zielumsetzung),
- Investitionen (minderheitlicher Kauf von Unternehmensanteilen) oder
- Fusionen (mehrheitlicher Kauf von Unternehmensanteilen) (Wirtz, 2013, S. 785 ff.).

Zusätzlich zur Art des Eintritts zeigen Unternehmungen in der Internationalisierung unterschiedliche Strategien auf. Strategie ist nach Müller-Stewens und Gillenkirch (2018) das unternehmerische Verhalten zur Verwirklichung von Zielen. Sjurts (2009) weist vier Strategien in der Internationalisierung der Medien- und Kreativwirtschaft aus:

1. horizontale Diversifikation (gleiches Glied der Wertschöpfungskette),
2. vertikale Diversifikation (vorherige oder folgende Glieder der Wertschöpfungskette),
3. related diversification (Aktivitäten auf impliziten Märkten) und
4. unrelated diversification (Aktivitäten auf expliziten Märkten).

Markgraf (2018) macht deutlich, dass das Diversifizieren interner oder externer Natur ist. Eine interne Diversifikation ist beispielsweise eine eigene Entwicklung oder eine Lizenznahme. Eine externe Diversifikation ist beispielsweise ein Joint Venture, eine Investition oder eine Fusion.

Wirtz (2013, S. 799) weist weitere Strategien der Internationalisierung aus, zunächst durch die Auswahl der Märkte. Zu differenzieren sind die Zielmarktstrategien in die

1. Marktpräsenzstrategien,
2. Marktselektionsstrategie und
3. Marktsegmentierungsstrategie.

Die Marktpräsenzstrategien zeigen vier Möglichkeiten der Internationalisierung auf. Zum Ziel haben diese die Definition der Anzahl und der Auswahl der Märkte. Die grundlegende Marktpräsenzstrategie fokussiert die Anzahl der Märkte und die Intensität der Internationalisierung. Die ausgleichsorientierte Marktpräsenzstrategie fokussiert einen Ausgleich von Vor- und Nachteilen mehrere Märkte in Risiko, Umsatz, Investition, Ressourcen, Wissen und Wettbewerb. Die attraktivitätsorientierte Marktpräsenzstrategie fokussiert die Attraktivität der Märkte durch die Kriterien Marktvolumen, -wachstum und -struktur. Des Weiteren werden die Preisstruktur, die Kosten- und Beschaffungssituation berücksichtigt. Die geografische Marktpräsenzstrategie fokussiert Märkte in kulturell konforme Kategorien (Strietzel, 2005, S. 72 ff.). Die Marktselektionsstrategie, folgend auf die Marktpräsenzstrategien, hat Ähnlichkeit, da auch diese Kriterien wie Attraktivität, Risiko und Eintrittsbarrieren bearbeitet (Wirtz, 2009. S. 709). Die Marktsegmentierungsstrategie, folgend auf die Marktselektionsstrategie, konkretisiert den Markt in Kategorien. Diese Kategorien basieren beispielsweise auf Demografie, Geografie oder Psychografie (Wirtz, 2009. S. 713).

Daraufhin hat die Unternehmung die Auswahl des Zeitpunktes zur Internationalisierung zum Ziel. Zu differenzieren sind die First Mover-Strategie, die Produkte oder Dienstleistungen auf einem unerschlossenen Markt oder die Follower-Strategie, die Produkte oder Dienstleistungen auf einem erschlossenen Markt zentriert. (Wirtz, 2013, S. 809).

Die Intensität der Internationalisierung ist definierbar durch die Wasserfall- oder die Sprinkler-Strategie. Die Wasserfall-Strategie setzt auf das sukzessive und die Sprinkler-Strategie auf das simultane Internationalisieren (Wirtz, 2013, S. 813).

Diese Strategien enden in der Organisation der Unternehmung. Gläser (2014, S. 716) unterscheidet

- die internationale Strategie (Priorisierung des inländischen Marktes),
- die multinationale Strategie (Egalität etlicher Märkte),
- die globale Strategie (Kontrolle des Konzerns durch inländische Standorte) und

- die transnationale Strategie (Kontrolle des Konzerns durch in- und ausländische Standorte).

Gläser (2014, S. 718) detektiert, dass das Verfahren mit der multinationalen oder transnationalen Strategie vielversprechend ist, da Medien- und Kreativprodukte und -dienstleistungen einerseits Wirtschaftsgüter aber anderseits auch Kulturgüter darstellen. Dementsprechend ist kulturelle Assimilation von Vorteil. Dementgegen konstatiert Kannengießer (2009, S. 155), dass Kulturen durch die Globalisierung korrespondieren.

Durch die Limitation dieser Arbeit konzentriert das Kapitel 3.2 Praxis der Internationalisierung die Diversifikationsstrategien Netflix'. Dafür dient die Definition von Diversifikation nach Sjurts (2009).

## 3.2 Praxis der Internationalisierung

„Deregulierung, Globalisierung, [...] und die [...] Bedeutung der Informationstechnologie verwischen die Grenzen in einer Vielzahl von Industrien" (Hamel & Prahalad, 1997, S. 75). Die Medien- und Kreativwirtschaft ist eine dieser Industrien: „Der Konvergenzprozess führt zu einer [...] wechselseitigen Durchdringung des Medienmarktes mit den Märkten der Telekommunikation, Informationstechnologie und Consumer Electronics [...]" (Gläser, 2014, S. 238). Möglich machen das nicht nur die Digitalisierung und die Deregulierung der Märkte, auch die Veränderungen der Präferenzen der Rezipient:innen (Wirtz, 2013, S. 62). *Netflix* kennzeichnet diese Konvergenz durch die Durchdringung der T.I.M.E.-Branche beispielhaft auf Basis von Diversifikationsstrategien.

2008 und 2009 hatte *Netflix* das Streaming mit Hilfe der Hard- und Software mehrerer Unternehmen des Marktes der Consumer Electronics zum Ziel (Netflix, o.J. a). 2009 praktizieren *LG, Microsoft, Roku, Samsung, Sony* und *TiVo* die Partnerschaft, durch die Platzierung einer *Netflix*-Applikation in deren Produkten (o.A., 2009). Das heißt, einerseits weist *Netflix* hiermit die horizontale Diversifikation und andererseits die unrelated diversification aus. Die horizontale Diversifikation ist definiert durch ein weiteres gleiches Glied in der Wertschöpfungskette (Sjurts, 2009). Die Distribution der Serien und Filme, die nicht mehr nur auf der Streaming-Seite, sondern auch auf den Streaming-Applikationen basierte, ist ein derartig gleiches Glied. Die unrelated diversification ist definiert durch die Aktivität auf einem expliziten Markt (Sjurts, 2009). Die Aktivität auf dem Markt der Consumer Electronics ist eine explizite, da der implizite Markt, der der Medien ist.

2010 komplementierte *Netflix* die Konsummöglichkeiten durch die Kompatibilität von Filmen und Serien mit mobilen Instrumentarien (Smartphones und Tablets) (Netflix, o.J. a). Diese Aktivität hat Ähnlichkeit mit den Kooperationen, da dadurch erneut der Konsum durch die Hard- und Software durch Unternehmen des Consumer Electronics-Marktes targetiert wurde, woraus wiederholt die horizontale Diversifikation und die unrelated diversification resultieren. Wieder wurde damit die Distribution der Serien und Filme vermehrt und dies auf einem expliziten Markt. Des Weiteren wurden 2010 Serien und Filme für Kinder introduziert (Netflix, o.J. a). Dementsprechend ist die horizontale Diversifikation detektierbar. Die Distribution ist die gleiche, die einzige Differenz ist die Demografie der Rezipient:innen. Ferner ist damit die related diversification feststellbar, da der Medienmarkt implizit ist.

Nachdem *Netflix* 2008 und 2009 durch Partnerschaften die Platzierung einer Applikation in internetfähigen Fernsehern fokussierte, konzeptionalisierten Consumer Electronics-Organisationen 2011 Fernbedienungen mit einem *Netflix*-Knopf (Netflix, o.J. a). Daraus resultiert die horizontale Diversifikation, da die simplifizierte Zugänglichkeit zur

Applikation die Rezeption darstellt. Auch ist dies die unrelated diversification, da dies ohne Consumer Electronics-Organisationen nicht realisierbar war.

2012 experimentierte *Netflix* erstmals mit einer eignen Erstellung. *Netflix* präsentierte die Verfilmung von einer Stand Up-Comedy-Show („Bill Burr: You People Are All the Same"). 2013 wurden die ersten eigenerstellten Serien editiert (beispielsweise „House of Cards" und „Orange Is the New Black"). 2015 folgte der erste eigene Film („Beasts of No Nation") und eine erste nicht englisch-sprachige Serie („Club de Cuervos") (Netflix, o.J. a). Dadurch ist das erste Mal die vertikale Diversifikation detektierbar. *Netflix* präsentierte Präsenz in einem vorherigen Glied der Wertschöpfungskette (Produktion). Das inkludiert die unrelated diversification, da nun nicht mehr nur Filme und Serien distribuiert, sondern auch produziert wurden. Des Weiteren wurde 2015 eine Serie („Marvel's Daredevil") erstmalig auch audiodeskriptiv veröffentlicht und somit sehbehindertengerecht gemacht (Netflix, o.J. a). Dementsprechend ist dies die horizontale Diversifikation. Das gründet auf der Rezeption, welche weitestgehend gleichbleibt, mit der Differenz einer zusätzlichen Funktionalität der Wiedergabe. Ferner ist damit eine related diversification feststellbar.

2016 weitete *Netflix* den mobilen Konsum von Filmen und Serien aus, durch die Funktionalität der Downloads. Damit wurde es Abonnent:innen möglich auch abseits des Internets Inhalte zu rezipieren (Netflix, o.J. a). Dementsprechend ist dies die horizontale Diversifikation, da der Rezeption eine zusätzliche Funktionalität zuteilwurde. Damit ist dies eine related diversification.

2017 führte *Netflix* die Funktionalitäten „Interaktive Geschichten" und „Intro überspringen" ein (Netflix, o.J. a). „Interaktive Geschichten" ist eine Konzeption zur Anteilnahme und Kreativität (Engelbrecht Fisher, 2017). Diese Art an Anteilnahme ist Gamification. Das Ziel dieser ist die Differenz zur Konkurrenz (Tomasso, o.J.). Die Konsequenz ist die Konvertierung der Produzent:innen und Konsument:innen zu Prosument:innen, eine Kreuzung (Zydorek, 2009). Damit ist die Diversifikation eine vertikale. Durch die Implementation ist eine Reaktion der Rezipient:innen möglich und dadurch ein neuartiger Umgang mit Inhalten. Des Weiteren ist dies eine related diversification. „Intro überspringen" ist das Resultat einer Recherche, 15% der Rezipient:innen haben vor der Einführung der Funktionalität auf die ersten fünf Minuten einer Serie verzichtet. Durch die Implementation haben Rezipient:innen die Dauer des Konsums deutlich auf die Inhalte des Interesses minimiert (Johnson, 2022). Damit ist dies eine horizontale Diversifikation, da der Distribution eine zusätzliche Funktionalität zuteilwurde. Auch ist damit eine related diversification dedektiert.

2018 führte *Netflix* die kinderschützende Funktionalität der Persönlichen Identifikationsnummer (PIN) ein (Netflix, o.J. a). Dies ist eine horizontale Diversifikation, da der

Rezeption eine zusätzliche Funktionalität, in dieser Situation zur Sicherheit, zuteilwurde. Das heißt, dies ist eine related diversification.

2019 startete *Netflix* in London, Madrid, New York und Toronto Studios zur Fabrikation von Filmen und Serien (Netflix, o.J. a). Dies ist eine horizontale Diversifikation und related diversification, da *Netflix* seit 2013 die Erstellung eigener Filme und Serien erbringt.

2020 führte *Netflix* eine weitere Funktionalität, die „Top-10-Listen", ein. Dadurch machte man Abonnent:innen die derzeitigen populärsten Produkte präsent (Netflix, o.J. a). Dies ist eine horizontale Diversifikation, da der Rezeption eine zusätzliche Möglichkeit der Selektion zuteilwurde. Des Weiteren ist dies eine related diversification.

2021 machte *Netflix* das mobile Spielen möglich (Netflix, o.J. a). Damit ist die Diversifikation eine vertikale. Durch die Implementation ist eine erneute Reaktion der Rezipient:innen möglich, ähnlich der Einführung von „Interaktive Geschichten". Damit targetiert *Netflix* ein unvergleichliches Vorkommen für Unterhaltung (Verdu, 2021). Daraus resultiert die related diversification.

2022 machte *Netflix* „3D-Audio" möglich, mit welchem Filme und Serien durch Surround-Sound-Systeme rezipiert werden können. Dadurch ist der Klang gleich dem in Kinos, konstatiert *Netflix* (Netflix, o.J. a). Dies ist eine horizontale Diversifikation, da die Rezeption eine weitere Wiedergabefunktionalität erhielt. Zusätzlich ist dies eine related diversification. Des Weiteren komplementierte *Netflix* zur simplifizierten Selektion auf Fernsehern Filme und Serien in einer weiteren Kategorisierung, geordnet durch die Genrepräferenzen der Rezipient:innen (Netflix, o.J. a). Dies ist eine horizontale Diversifikation, da die Selektion simplifiziert wurde. Auch ist damit eine related diversification detektierbar.

# 4 Resultate

Diese Arbeit detektiert 15 Diversifikationen *Netflix'*, deren Eigenschaften den in Tabelle 1: Anzahl der Diversifikationsstrategien nach Sjurts (2009) sichtbaren Strategien zuzuordnen sind.

Tabelle 1: Anzahl der Diversifikationsstrategien nach Sjurts (2009)

| | Horizontale Diversifikation | Vertikale Diversifikation | Related diversification | Unrelated diversification |
|---|---|---|---|---|
| Anzahl | 12 x | 3 x | 11 x | 4 x |
| Diversifikation | 1. Applikationen für internetfähige Fernseher | 1. Eigene Erstellung von Filmen und Serien | 1. Serien und Filme für Kinder | 1. Applikationen für internetfähige Fernseher |
| | 2. Applikationen für mobile Instrumentarien | 2. Interaktive Geschichten | 2. Audiodeskriptive Filme und Serien | 2. Applikationen für mobile Instrumentarien |
| | 3. Serien und Filme für Kinder | 3. Mobile Spiele | 3. Downloads von Filmen und Serien | 3. Fernbedienungen mit *Netflix*-Knopf |
| | 4. Fernbedienungen mit *Netflix*-Knopf | | 4. Interaktive Geschichten | 4. Eigene Erstellung von Filmen und Serien |
| | 5. Audiodeskriptive Filme und Serien | | 5. Intro überspringen | |
| | 6. Downloads von Filmen und Serien | | 6. Persönliche Identifikationsnummer (PIN) | |
| | 7. Intro überspringen | | 7. Start von Fertigungsstudios in London, Madrid, New York und Toronto | |
| | 8. Persönliche Identifikationsnummer (PIN) | | 8. Top-10-Listen | |
| | 9. Start von Fertigungsstudios in London, Madrid, New York und Toronto | | 9. Mobile Spiele | |
| | 10. Top-10-Listen | | 10. 3D-Audio | |
| | 11. 3D-Audio | | 11. Genre-Kategorisierung | |
| | 12. Genre-Kategorisierung | | | |

Quelle: eigene Darstellung

Das heißt, in der Selektion der Strategien fokussiert *Netflix* die Bearbeitung bereits bestehender Glieder der Wertschöpfungskette. Weiterhin wurde mehrheitlich der implizite Markt der Medien selektiert. Damit ist die Diversifikation *Netflix'* pauschalisierbar als Binarität. Der erste Bestandteil der Binarität ist die Erweiterung der Anwendung. Dementsprechend fundiert die Diversifikation *Netflix'* auf Features. Der Ausdruck Feature ist nicht definiert, aber Berger, Lettner, Rubin, Grünbacher, Silva, Becker, Chechik und

Czarnecki (2015) deuten, dass Features die Funktionalitäten eines Systems darstellen. Diese Funktionalitäten differenzieren das System von vergleichbaren. Daraus resultiert das unvergleichliche Verkaufsversprechen (Esch & Markgraf, 2018). Das heißt, durch die Diversifikationen (Features) verspricht *Netflix* einen unvergleichlichen Verkauf (Abonnement). Zum Beispiel zählen dazu die Funktionalität der Downloads, zur Rezeption der Inhalte auch abseits des Internets oder die Funktionalität „Intro überspringen", zur Rezeption der Inhalte von Interesse. Auch die Funktionalitäten „Interaktiven Geschichten" und das mobile Spielen machen *Netflix* zu einem unvergleichlichen Vorkommen des Entertainments. Der zweite Bestandteil der Binarität ist die eigene Erstellung von Filmen und Serien. Diese ist eine Möglichkeit der Minimierung der künftigen Kosten. Durch eigene Erstellung zahlt *Netflix* einerseits von vorneherein, hat aber andererseits auch die Rechte und dementsprechend den Umsatz an profitablen Produktionen. Das rentiert sich beispielsweise bei Filmen und Serien wie „Haus des Geldes" (65 Millionen Streams) oder „Das Damengabit" (62 Millionen Streams) (Kodzo, 2022).

Dieses strategische Diversifizieren ist probat. Mit Präsenzen in 190 Nationen, 222 Millionen Abonennt:innen und einem Umsatz von 29,7 Milliarden U.S.-Dollar in 2021 ist dies evident (Heeke, 2022).

# 5 Diskussion

Die Definitionen der Diversifikation nach Sjurts (2009) korrelieren, da die Konzeption von vier verschiedenen Diversifikationsstrategien nicht separierbar ist. Das ist deutlich bei Betrachtung der Tabelle 2: Korrelation der Diversifikationsstrategien nach Sjurts (2009).

Tabelle 2: Korrelation der Diversifikationsstrategien nach Sjurts (2009)

|  | Horizontale Diversifikation | Vertikale Diversifikation |
|---|---|---|
| Related diversification | 9 x | 1 x |
| Unrelated diversification | 3 x | 2 x |

Quelle: eigene Darstellung

Das heißt, in der Theorie existieren vier verschiedene autonome Diversifikationsstrategien, in der Praxis aber nicht. Damit ist eine Konvergenz nicht nur in der Medien- und Kreativwirtschaft konstatierbar (Gläser, 2014, S. 238), auch in der Selektion der strategischen Diversifikation. Eine Erklärung könnte die Popularität der Streaming-Seiten sein, die deren Organisationen zur Weiterentwicklung zwingt. Das wird bei Betrachtung des Wettbewerbs in Deutschland deutlich (Abbildung 1: Streaming-Seiten-Abonnent:innen in Deutschland).

Abbildung 1: Streaming-Seiten-Abonnent:innen in Deutschland

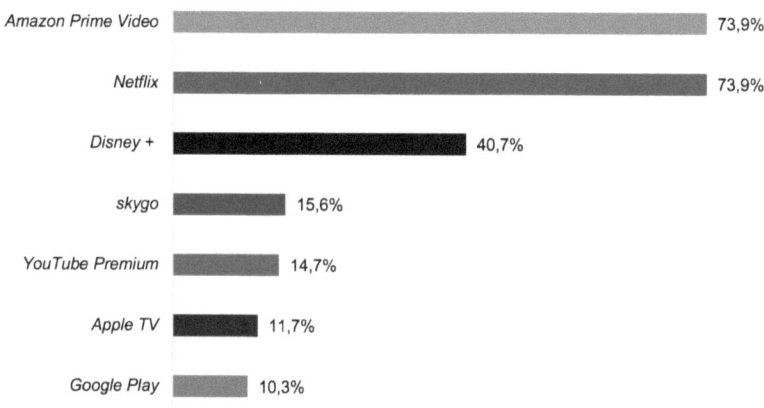

Quelle: eigene Darstellung in Anlehnung an Brandt, 2022, o.S.

Diese Befragung basiert auf 3.519 Teilnehmer:innen, die Abonnent:innen einer oder mehrerer Streaming-Seite:n waren (Brandt, 2022). Dementsprechend ist zukünftige Diversifikation erwartbar, aber auch durch die Vergangenheit *Netflix'*, die voll von

Implementationen und Innovationen ist (Netflix, o.J. a). Durch diese wurde weltweit in der Vergangenheit Akklamation akquiriert. Weiterhin ist es wahrscheinlich, dass die in dieser Arbeit aufgeführten Diversifikationen, um weitere zu ergänzen wären. Die Basis dieser Arbeit ist die Chronologie, die durch *Netflix* konkrete Klimaxe konstatiert. Auch andere strategische Selektionen scheinen geglückt, beispielsweise die Auswahl der Beitrittsarten, die Auswahl der Märkte, die Auswahl der Zeitpunkte und die Auswahl der Intensitäten.

Dadurch ist *Netflix* global gegenwertig, nur nicht in China, Nord-Korea, Syrien, Russland und der Krim (Netflix, o.J. b)

Abbildung 2: *Netflix'* globale Gegenwertigkeit

Quelle: Fischer, 2016, o.S.

# 6  Literaturverzeichnis

Ambs, J. (2015). *EURONICS Trendblog*. Verfügbar unter: https://trendblog.euronics.de/tv-streaming/erste-fernseher-mit-netflix-button-jetzt-auch-fuer-den-europaeischen-markt-angekuendigt-27874/ (26.12.2022).

Berger, T., Lettner, D., Rubin, J., Grünbacher, P., Silva, A., Becker, M., Chechik, M. & Czarnecki K. (2015). What is a feature? a qualitative study of features in industrial software product lines. In Association for Computing Machinery (Hrsg.). *SPLC '15: Proceedings of the 19th International Conference on Software Product Line* (S. 16-25). New York: Association for Computing Machinery.

Brandt, M. (2022). *Statista*. Verfügbar unter: https://de.statista.com/infografik/25370/umfrage-zu-abonnenten-von-streaming-anbietern-in-deutschland/ (30.12.2022).

Esch, F.-R. & Markgraf, D. (2018). *Gabler Wirtschaftslexikon*. Verfügbar unter: https://wirtschaftslexikon.gabler.de/definition/unique-selling-proposition-usp-50075/version-273300 (30.12.2022).

Engelbrecht Fisher, C. (2017). *About Netflix*. Verfügbar unter: https://about.netflix.com/de/news/interactive-storytelling-on-netflix-choose-what-happens-next (27.12.2022).

Fischer, D. (2016). SmartDroid. Verfügbar unter: https://www.smartdroid.de/netflix-jetzt-weltweit-fast-ueberall-verfuegbar/ (30.12.2022).

Gläser, M. (2014). *Medienmanagement* (3. Auflage). München: Vahlen Verlag.

Hamel, G. & Prahalad, C. K. (1997). *Wettlauf um die Zukunft: Wie Sie mit bahnbrechenden Strategien die Kontrolle über Ihre Branche gewinnen und die Märkte von morgen schaffen*. Wien: Carl Ueberreuter Verlag.

Hass, H.-D., Neumaier, S.-M. & Schlesinger, D. (2018). *Gabler Wirtschaftslexikon*. Verfügbar unter: https://wirtschaftslexikon.gabler.de/definition/internationalisierung-53726/version-276794 (30.12.2022).

Heeke, R. (2022). *Institut für Medien- und Kommunikationspolitik*. Verfügbar unter: https://www.mediadb.eu/de/datenbanken/int-medienkonzerne-2013/netflix.html (03.12.2022).

Johnson, C. (2022). *About Netflix*. Verfügbar unter: https://about.netflix.com/de/news/looking-back-on-the-origin-of-skip-intro-five-years-later (27.12.2022).

Kannengießer, S. (2009). Medialität und Globalisierung – Dominierte, umkämpfte oder hybride (globale) Medienkulturen?. In S. Komor & R. Rohleder (Hrsg.). *Post-*

*Coca-Colanization: Zurück zur Vielfalt?* (S. 149-170). Frankfurt am Main: Peter Lang.

Kodzo, J. (2022). WirtschaftsWoche. Verfügbar unter https://www.wiwo.de/erfolg/trends/netflix-das-sind-die-zehn-erfolgreichsten-serien-im-ranking-2022/27948528.html (30.12.2022).

Kunst. A. (2022). *Statista*. Verfügbar unter: https://de.statista.com/statistik/daten/studie/1313176/umfrage/bekannteste-anbieter-von-video-on-demand-in-deutschland/ (10.12.2022).

Markgraf, D. (2018). *Gabler Wirtschaftslexikon*. Verfügbar unter: https://wirtschaftslexikon.gabler.de/definition/diversifikation-34156/version-257664 (30.12.2022).

Müller-Stewens, G. & Gillenkirch, R. (2018). *Gabler Wirtschaftslexikon*. Verfügbar unter: https://wirtschaftslexikon.gabler.de/definition/strategie-43591/version-266920 (30.12.2022).

Netflix (o.J. a). *About Netflix*. Verfügbar unter: https://about.netflix.com/de (03.12.2022).

Netflix (o.J. b). *Netflix Help Center*. Verfügbar unter: https://help.netflix.com/en/node/14164 (30.12.2022).

O.A. (2009). IT TIMES. Verfügbar unter: https://www.it-times.de/news/netflix-kooperiert-mit-sony-electronics-15452/ (23.12.2022).

Sjurts, I. (2009). Zwischen Konsolidierung und Wachstum: Die Strategien der größten Medienkonzerne der Welt am Ausgang der Medienkrise. In Hans-Bredow-Institut (Hrsg.). *Internationales Handbuch Medien* (28. Auflage) (S. 89-104). Baden-Baden: Nomos.

Strietzel, M. (2005). *Unternehmenswachstum durch Internationalisierung in Emerging Markets: Eine neo-kontingenztheoretische Analyse*. Wiesbaden: Deutscher Universitäts-Verlag.

Tomasso, C. (o.J.). The Octalysis Group. Verfügbar unter: https://octalysis-group.com/de/interactive-netflix-gamification-is-here-but-will-it-get-people-hooked/ (30.12.2022).

Verdu, M. (2021). *About Netflix*. Verfügbar unter: https://about.netflix.com/de/news/let-the-games-begin-a-new-way-to-experience-entertainment-on-mobile (30.12.2022).

Wirtz, B. W. (2009). *Medien- und Internetmanagement* (6. Auflage). Wiesbaden: Springer Gabler.

Wirtz, B. W. (2013). *Medien- und Internetmanagement* (8. Auflage). Wiesbaden: Springer Gabler.

Zydorek, C. (2009). Postmediale Wirklichkeiten und Medienmanagement. In Selke, S. & Dittler, U. (Hrsg.), *Postmediale Wirklichkeiten* (S. 67-92). Hannover: Heise.